# Para Quim y para Max

y también para Diego, Daniel, Alejandro,
Pablo, Hugo, Álvaro, Adrián, David, Javier,
Mario, Marcos, Sergio, Iker, Iván, Manuel,
Jorge, Aitor, Miguel, Carlos, Samuel, Lucas,
Nicolás, Rubén, Marc, Izan, Antonio, Gonzalo,
Álex, Juan, Víctor, Héctor y Raquel...

Título original: *En Bru es fa gran*
© EDITORIAL JUVENTUD, S. A., 2018
Provença, 101 - 08029 Barcelona
info@editorialjuventud.es
www.editorialjuventud.es
Traducción: Raquel Solà
Diseño y maquetación: Mercedes Romero

Tercera edición, 2022

ISBN: 978-84-261-4484-3

DL B 5279-2018

*Printed in Spain*
Gráficas 94, Sant Quirze del Vallès (Barcelona)

MÒNICA PEITX

# BRUNO
# SE HACE MAYOR

## PARA SABER MÁS SOBRE LA PUBERTAD DE LOS NIÑOS

Soy Bruno
y tengo
10 años

Ilustraciones de CRISTINA LOSANTOS

### ⋲JUVENTUD

Juego a fútbol en el equipo de mi barrio. No somos
los mejores pero lo pasamos muy bien juntos.
También me gusta montar en patinete.

Tengo una hermana de 12 años
que se llama Mía. Antes éramos
casi igual de altos, pero este
año ella ha crecido mucho y yo,
en cambio, parece que me
esté quedando pequeño.

Esta mañana iremos con mis padres a comprar
al centro. Necesitamos unas bambas de fútbol
para mí y unos pantalones para Mía.
Mis pies no paran de crecer.

Con Mía nos lo pasamos muy bien, aunque ahora solo quiere estar con sus amigas o escuchar música en su habitación. Cuando quiere hacerme enfadar me llama **Minibruno**. Mamá me aconseja que no le haga caso.

Mañana tenemos revisión con la pediatra.
Tengo ganas de preguntarle cuándo
empezaré a crecer... o si me quedaré bajito...
y con unos pies enormes.

Mía ha pedido a mamá si podemos entrar
en la consulta por separado. Debe de ser porque
le están creciendo los pechos y le da vergüenza...

Por suerte no tocan vacunas, solo comprobará
si estamos creciendo bien. La pediatra nos examina
todo el cuerpo, es como cuando se lleva el coche
al mecánico para la revisión...

**¡Ya me toca!**

La pediatra me pesa y me mide, y dice que todo va bien. Me pregunta si hago deporte, si como de todo, si duermo bien, si voy de vientre cada día y también me pregunta por la escuela y los amigos... Entonces, cuando ya lo ha apuntado todo en su ordenador, papá le pregunta lo que a mí me tiene preocupado:

¿Cuándo empezará Bruno a dar el estirón?

La pediatra nos explica que los chicos empiezan
a crecer más tarde que las chicas.

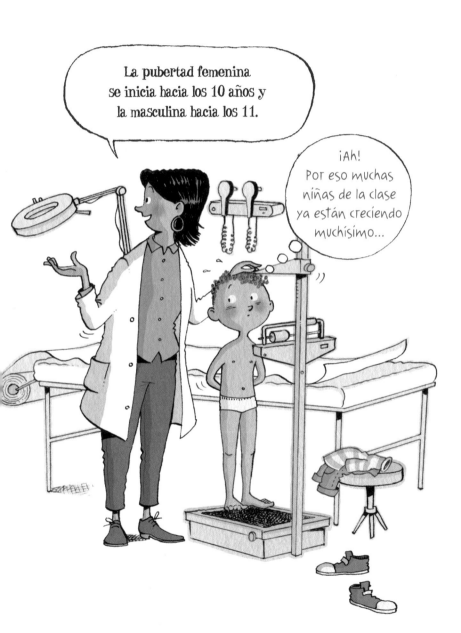

Entonces la pediatra me ha preguntado:

¿Alguna vez has plantado algo, Bruno?

Sí, en la escuela el año pasado hicimos un experimento: en un bote de cristal pusimos cuatro judías en algodón y unas gotas de agua.

¿Y salieron todas las plantas el mismo día?

No, primero unas y después otras y, cuando ya creíamos que de una ya no saldría nada, nació un último tallo que al final fue muy largo.

Pues con las personas pasa lo mismo: hay niños que entran en la pubertad más pronto y otros, más tarde. Esto suele heredarse: si tu padre tardó en crecer, tú también serás de los que crecerán más tarde...

¿Y sí creces antes significa que serás más alto?

CURSO
1976-1977

Pues no. La altura de una persona depende de la altura de sus padres, como el color de la piel o de los ojos. Normalmente, quien empieza a crecer antes, acaba antes.

papá a los 10 años

Cada niño tiene una TALLA DIANA, que es como denominamos los médicos a la talla más probable según la altura de los padres. Tú mismo puedes calcularla, Bruno:

## PARA LOS NIÑOS

$$= \frac{\text{TALLA PADRE} + \text{TALLA MADRE} + 13}{2}$$

## PARA LAS NIÑAS

$$= \frac{\text{TALLA PADRE} + \text{TALLA MADRE} - 13}{2}$$

El número que sale más/menos 5 nos dará tu futura talla más probable.

## EJEMPLO DE TALLA DIANA PARA UN CHICO:

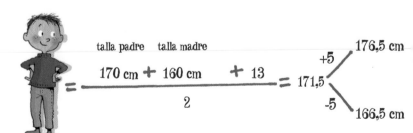

$$= \frac{\overset{\text{talla padre}}{170 \text{ cm}} + \overset{\text{talla madre}}{160 \text{ cm}} + 13}{2} = 171,5 \overset{+5}{\underset{-5}{<}} \begin{array}{l} 176,5 \text{ cm} \\ 166,5 \text{ cm} \end{array}$$

## ¿Y de qué dependerá?

Es como una lotería, toca lo que toca, como el color de los ojos o la forma de la nariz... ¡si no, todos los hermanos serían iguales y no sabríamos quién es quién!

como si fuesen clones.

Además de esta talla diana,
hay otros factores que influyen:
por ejemplo, algunas enfermedades,
o cómo cuidas tu cuerpo.
Por eso tenemos que tratarlo
muy bien; solo tenemos uno
y es para toda la vida...

La pediatra nos explica un montón de cosas.

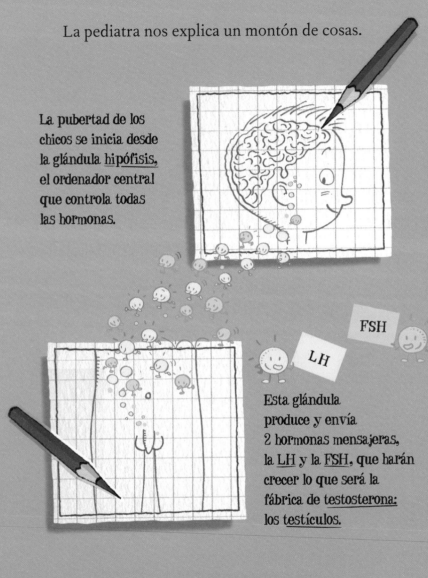

La pubertad de los chicos se inicia desde la glándula hipófisis, el ordenador central que controla todas las hormonas.

FSH

LH

Esta glándula produce y envía 2 hormonas mensajeras, la LH y la FSH, que harán crecer lo que será la fábrica de testosterona: los testículos.

Cuando nace un bebé, sus testículos son del tamaño de una pequeña aceituna y no crecen hasta los 11 años, cuando la hipófisis da la orden de empezar el proceso de hacerse mayor: la pubertad.

Este año, en clase de Medio Natural, la profesora nos ha explicado el aparato reproductor humano y hemos aprendido muchas cosas de los testículos:

APARATO
REPRODUCTOR

Los niños tienen 2 testículos y están dentro de una bolsa de piel que se llama escroto. Al estar fuera del cuerpo están un grado más fríos que la temperatura corporal. El izquierdo suele estar más abajo y el derecho más arriba.

Cuando el feto se está formando en el vientre de la madre, los testículos se desarrollan en el interior del cuerpo cerca de los riñones. Hacia el 3.er mes de embarazo bajan por un conducto que hay en las ingles hasta el escroto. En alguna ocasión puede presentarse algún problema y no bajan. Los médicos lo llaman criptorquidia.

# Ya he cumplido 11 años

Hoy nos toca pediatra otra vez.
Creo que mis testículos han empezado
a crecer pero yo aún no.

A Bruno lo que le
interesa es saber cuándo
empezará a crecer.

Pues mira, Bruno, ya has empezado la pubertad: tus testículos están empezando a crecer, pero aún son pequeños para producir hormonas; habrá que esperar unos meses. Mientras los testículos se desarrollan, se detiene un poco el crecimiento y puede ser normal crecer solo 3 cm en todo un año. Durante este periodo, los pies crecen mucho, pero después dejan de hacerlo.

La pediatra también se asegura de que la piel del pene esté bien y que los testículos estén en la bolsa; eso da un poco de cosa y hace cosquillas...

La pediatra sigue explicando:

TESTOSTERONA

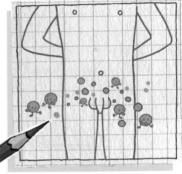

Más tarde, cuando el testículo ya es lo suficientemente grande empieza a producir testosterona, que es una hormona de la familia de los andrógenos.

ANDRÓGENOS SUPRARRENALES

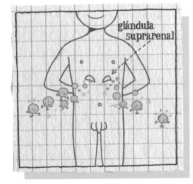

glándula suprarenal

Los andrógenos son los protagonistas de los cambios de la pubertad. La glándula suprarrenal, una pequeña glándula triangular que está encima del riñón, produce unos andrógenos un poco distintos...

HORMONA DEL CRECIMIENTO

6-12 cm

... que junto con la hormona del crecimiento, ayudarán a dar el estirón. Durante este período de tiempo puedes crecer entre 6 y 12 cm en un año.

Hoy salgo más contento, ¡ya falta menos!
Antes de marchar nos ha dado resumido en un
papel todo lo que hay que hacer para crecer bien.

Encontrarás
los 10 trucos
para crecer sano
al final del libro.

# ¡Ya llega el verano!

Hoy teníamos clase de Educación Física.
Cuando hemos regresado al aula, la profesora nos
ha comentado que ya olíamos a adolescentes.

Nos ha hablado de la pubertad y de las hormonas, y nos ha dicho que era muy importante que nos duchásemos todos los días. A veces, a mí me da un poco de pereza ducharme, pero después me gusta oler a limpio. Le preguntaré a papá si puedo usar su desodorante.

Una cosa que me preocupa de las hormonas
es que creo que también pueden hacer salir acné.
Espero que no me salgan muchos granos...

Mi madre me ha dicho:

Para tener los granos controlados tienes que procurar tener la cara muy limpia, y si con esto no basta, la pediatra ya nos dirá qué tenemos que hacer. Y si no, está el dermatólogo, que es el especialista de la piel. ¡Seguro que podremos ganar la batalla al acné!

# ¡Por fin han llegado las vacaciones!

Este verano lo estamos pasando muy bien. Nos dejan ir de excursión solos con la pandilla del pueblo. Mis padres me han hecho un superregalo. Hacía mucho que lo estaba pidiendo y es mucho mejor que el patinete:

Guille, el mayor de la pandilla, es casi tan alto
como su padre y ya tiene pelo por todo el cuerpo.
¡Yo ya tengo alguno! El otro día, leí que los
andrógenos también hacen salir pelo, primero
en el pubis, después en las axilas y finalmente
en la cara y el pecho. También hacen que seas
más fuerte y tengas más músculo.

# ¡Ya estamos en secundaria!

Tengo que pedir a mis padres que me hagan el bocadillo más grande: tengo mucho apetito, debe de ser porque estoy dando el estirón.

¡Ahora sí que he crecido, necesito unos pantalones nuevos!

Hoy en el patio hemos tenido un problema.
Marcos ha llamado «¡Cacahuete!» a Pedro
porque aún tiene el pene pequeño,
y él le ha roto los deberes.

La profesora se ha enterado, y todos hemos
pensado que los castigaría, pero...

... al llegar a clase,
en lugar de hablar del tema
que nos tocaba, ha dicho:

Hay muchas formas de denominarlo,
ya que igual que la nariz o las orejas, hay penes
de muchas medidas y colores distintos.

**Antes de la pubertad, el pene es pequeño, y después,
gracias a los andrógenos, crece.**

Primero algunos se han reído un poco, pero
la profesora nos ha dicho que mañana nos pondría
un examen y hemos empezado a tomar apuntes.
No lo sabíamos todo...

EL PENE TIENE UN SOLO CONDUCTO
QUE SE LLAMA URETRA POR DONDE SALEN
2 TIPOS DE LÍQUIDO: LA ORINA Y EL ESPERMA

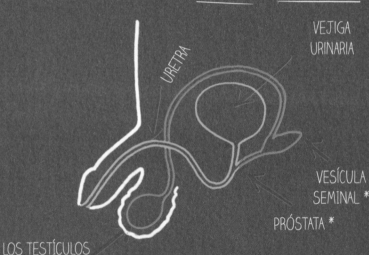

VEJIGA
URINARIA

URETRA

VESÍCULA
SEMINAL *

PRÓSTATA *

LOS TESTÍCULOS
PRODUCEN EL
ESPERMA O
SEMEN

\* AYUDAN A LOS TESTÍCULOS
EN LA PRODUCCIÓN DE SEMEN

LA PUNTA DEL PENE ES EL GLANDE

PIEL MUY FINA LLAMADA PREPUCIO

A veces, por motivos religiosos o porque está un poco pegada, se hace una operación en la que se corta esta piel. Es lo que los médicos llaman fimosis o circuncisión.

Consejo:
Cuando no estás operado, por debajo de la piel pueden quedar restos de pipí, por eso es importante lavar bien toda la zona cuando te duchas.

Dentro del pene hay toda una
serie de vasos sanguíneos.

CUERPOS
CAVERNOSOS

ERECCIÓN

A veces se llenan
de sangre y eso hace que
el pene se ponga más largo y
más fuerte. A esto se le llama
erección. Eso puede suceder
por la mañana cuando nos
despertamos o si algo
lo estimula.

El esperma es el líquido que en un futuro servirá para tener hijos. A veces este esperma acumulado puede salir por la noche sin que nos demos cuenta en forma de líquido blanco y un poco pegajoso.

Al final de curso hemos organizado un concierto. El profesor de música nos ha puesto por grupos según las voces. Algunos aún cantan con las chicas.

Nos ha explicado que el **cambio de voz** o **muda vocal** también se debe a la testosterona. Las cuerdas vocales crecen unos 10 mm y se hacen más gruesas.

La voz cambia a una octava más grave
y mientras las cuerdas crecen se puede producir
un gallo; no sé por qué se llama así.

# Ya he cumplido 13 años

y soy un poco más alto que mamá.
Por mi cumpleaños me han regalado
una máquina de afeitar, tengo pelusilla
debajo de la nariz y ya estoy harto de que
todo el mundo se la quede mirando.

Ahora voy a todas partes con skate
y me gusta escuchar mi música...

¡Vaya palo, hoy toca pediatra otra vez! Me da un poco de vergüenza porque ya me ha crecido un poco el pene y tengo pelo por todas partes. Pero eso es lo que le pasa a todo el mundo cuando se hace mayor, ¿no?

Mis padres estaban preocupados porque me ha salido un bultito debajo del pezón, pero la doctora no le da ninguna importancia. Comenta que, a veces, a algunos chicos se les inflama el pecho durante la pubertad, también debido a las hormonas.

Hacerse mayor tiene un poco de todo: te dejan hacer muchas más cosas. El otro día fui al cine con los amigos. Ya tengo la llave de casa y me quedo solo muchas veces. También tengo móvil y ordenador. Tengo que estudiar mucho, pero son temas más interesantes. En el fútbol corro más rápido y tengo más fuerza que el año pasado. Dicen que como soy mayor me toca ayudar en casa. Lo que menos me gusta es ordenar la habitación, y lo que más, hacer la cena. El otro día hice una tortilla de espinacas buenísima: papá dice que de mayor tal vez seré cocinero...

Mònica con 11 años

MÒNICA PEITX es pediatra especializada en Endocrinología y Nutrición, y trabaja en Barcelona. Está casada con un médico y tienen un hijo y una hija de 16 y 19 años. A Mònica le encanta el sol, el mar, pintar, escribir y montar en bicicleta. Es una enamorada de Menorca y de su trabajo. En el 2008 escribió su primer cuento, para niños con sobrepeso y obesidad: *El cuento de Max*. Lo siguieron el *Cuento de Aina*, sobre la diabetes, y *El cuento de Quim* que habla de la altura. Con *Mía se hace mayor* deja de tratar de trastornos para escribir sobre un proceso fisiológico fascinante: la pubertad; y ha ganado los premios Crítica Serra d'Or, 2017 y Jaume Aiguader i Miró de divulgación y educación sanitarias, 2017.

Cristina con 10 años

CRISTINA LOSANTOS es licenciada en Bellas Artes por la Universidad de Barcelona. Desde 1985 se dedica profesionalmente a la ilustración, y trabaja para muchas editoriales españolas y europeas. Colabora regularmente con revistas y diarios, como el *Avui*, *Cavall Fort* y *El Tatano*. En 1998 obtuvo el 2.º Premio Nacional de Ilustración otorgado por el Ministerio de Cultura, y en 2007 el 1.er premio del Concurso de Humor Gráfico Deportivo, convocado por la Fundación Catalana del Deporte.

# MIS 10 TRUCOS
# PARA CRECER SANO

★ Como 3 frutas y 2 verduras al día
(vitaminas y energía)

★ Tomo cada día 3 lácteos o alimentos
ricos en calcio (para los huesos): leche,
yogur, queso, col, brócoli, sardinas, tofu

★ Por lo menos una vez al día carne, pollo,
pescado o huevo (proteínas para
construir los tejidos)

★ Legumbres un par de veces a la semana
(fibra y hierro)

★ Desayuno bien: una fruta y un lácteo
en casa y un bocadillo en la escuela

★ Refrescos, caramelos, gominolas, galletas,
bollería y zumos, solo en ocasiones especiales

★ Me lavo los dientes después de cada comida

★ Actividad física al menos 1 hora al día

★ Me ducho todos los días

★ Duermo 9 o 10 horas

BRUNO

66 *Un libro muy acertado, educativo y que te puede servir para iniciar esa conversación obligada con tus hijos, sin tabúes, ni vergüenzas y como algo tan natural.* 99

Blog Mamá de Dos